CON
BOOK.
www.conbook-verlag.de
instagram.com/conbook_verlag

Über fünf Stunden Audiokommentare!

Alle Kapitel dieses Buches sind mit exklusiven Audiokommentaren von Nick versehen. Du kannst dir die Kommentare direkt mit deinem Handy anhören, indem du den jeweiligen QR-Code der Episode scannst.

Für das Anhören musst du dich nicht anmelden und keine Daten eingeben!

Nicolas »Nick« Martin, 1986 in Würzburg geboren, hängte 2010 seinen Vertriebsjob an den Nagel und startete seine Weltreise mit einem One-Way-Ticket nach Mexiko. Seitdem ist die Welt sein Zuhause. Er wurde ausgeraubt, angeschossen und überlebte einen Hurrikan – und würde alles noch mal genauso machen! Bis heute hat er über 80 Länder bereist und in sieben davon gewohnt – unter anderem auf den Fidschis, in Ecuador und in Australien.

Mit Storys aus seinen Reise-Bestsellern *Die geilste Lücke im Lebenslauf* und *Die geilste Lücke im Lebenslauf – Die dunkle Seite* steht Nick Martin regelmäßig auf der Bühne. Seit 2019 veranstaltet Nick internationale Adventure Camps; eine Mischung aus Abenteuer, Spaß, Sport und Persönlichkeitsentwicklung.

www.instagram.com/Nick.Martin.Official
www.travel-echo.com
www.facebook.com/NickMartin.TravelEcho

IMPRESSUM

www.conbook-verlag.de
www.instagram.com/conbook_verlag

Einbandgestaltung: Birgit Kohlhaas, kohlhaas-buchgestaltung.de, unter Verwendung von Motiven des Autors

Layout, Kartografie & Audiohandling: David Janik

Druck und Verarbeitung: Central Dabas Printing House, Ungarn

Bildnachweise Innenteil: S. 8/9 (alle Bilder): Julius Luca König; S. 12 (oben): Peggy Anke; S. 12 (unten links): Ronny Barthel | Der Socialmediafotograf; S. 12/13 (unten (im Falz)): Peggy Anke; S. 13 (oben rechts): Peggy Anke; S. 13 (unten rechts): Peggy Anke; S. 14 (oben rechts): Stefanie Oeffner; S. 24 (links): Shutterstock.com / Andrew Clifforth; S. 26 (oben): Shutterstock.com / Marco A. Huanca; S. 31 (unten links): Stefanie Oeffner; S. 36 (unten links): Stefanie Oeffner; S. 36/37 (oben): Shutterstock.com / Pol. Albarran; S. 44 (oben links): Stefanie Oeffner; S. 45 (oben links): Stefanie Oeffner; S. 54 (Mitte rechts): Stefanie Oeffner; S. 54/55 (unten (im Falz)): Stefanie Oeffner; S. 55 (oben rechts): Stefanie Oeffner; S. 58 (Mitte rechts): Stefanie Oeffner; S. 58 (unten links): Stefanie Oeffner; S. 66 (Mitte rechts): Stefanie Oeffner; S. 78 (oben links): Shutterstock.com / Zocchi Roberto; S. 87 (oben rechts): Stefanie Oeffner; S. 88 (unten rechts): Stefanie Oeffner; S. 106 (oben links): Peggy Anke; S. 107 (oben links): Peggy Anke; S. 109 (unten links): Peggy Anke; S. 119 (unten Mitte & rechts): Stefanie Oeffner; S. 128/129 (oben): Shutterstock.com / Lab Photo; S. 134 (oben): Shutterstock.com / dani3315; S. 137 (oben und unten links): Stefanie Oeffner; S. 137 (Mitte): Shutterstock.com / bgremler; S. 138 (oben links): Shutterstock.com / Marianna Ianovska; S. 139 (unten): Stefanie Oeffner; S. 146 (oben): Shutterstock.com / upslim; S. 150 (unten rechts): Stefanie Oeffner; S. 153 (oben rechts & unten links): Stefanie Oeffner; S. 155 (unten rechts): Stefanie Oeffner; S. 160/161 (oben): Shutterstock.com / rangizzz; S. 166/167 (unten): Shutterstock.com / florianfrey; S. 168 (unten links): Stefanie Oeffner; S. 169 (oben links & unten links): Stefanie Oeffner; S. 171 (unten): Stefanie Oeffner; S. 172 (unten rechts): Stefanie Oeffner; S. 175 (unten Mitte): Stefanie Oeffner; S. 182 (oben links): Stefanie Oeffner; S. 183 (unten links): Stefanie Oeffner; S. 188 (oben): Fabian Gerbert; S. 188 (Mitte rechts & unten links): Ronny Barthel | Der Socialmediafotograf; S. 188 (unten Mitte): Kevin Ebersbach; S. 189 (oben): Ronny Barthel | Der Socialmediafotograf; S. 189 (unten): Gabriel Gersch | Explora Events

894600 01 23 6 • ISBN 978-3-95889-460-0

NICK MARTIN

DIE GEILSTE LÜCKE IM LEBENSLAUF

The Next Level: Meine Reiseabenteuer in bildgewaltiger Form

CON BOOK.

Lappland → S. 100
Island → S. 67
Schweden → S. 153
Dänemark → S. 37
Kanada → S. 83
Slowenien → S. 156
Korsika → S. 54
Portugal → S. 151
Marokko → S. 106
USA → S. 179
Fuerteventura → S. 161
Mauretanien → S. 111
Kuba → S. 90
Mexiko → S. 119
Dom. Republik → S. 42
Belize → S. 20
Guatemala → S. 59
Kolumbien → S. 86
El Salvador → S. 47
Nicaragua → S. 133
Brasilien → S. 31
Uganda → S. 177
Costa Rica → S. 32
Panama → S. 134
Ecuador → S. 45
Peru → S. 141
Bolivien → S. 23
Argentinien → S. 15

THE NEXT LEVEL

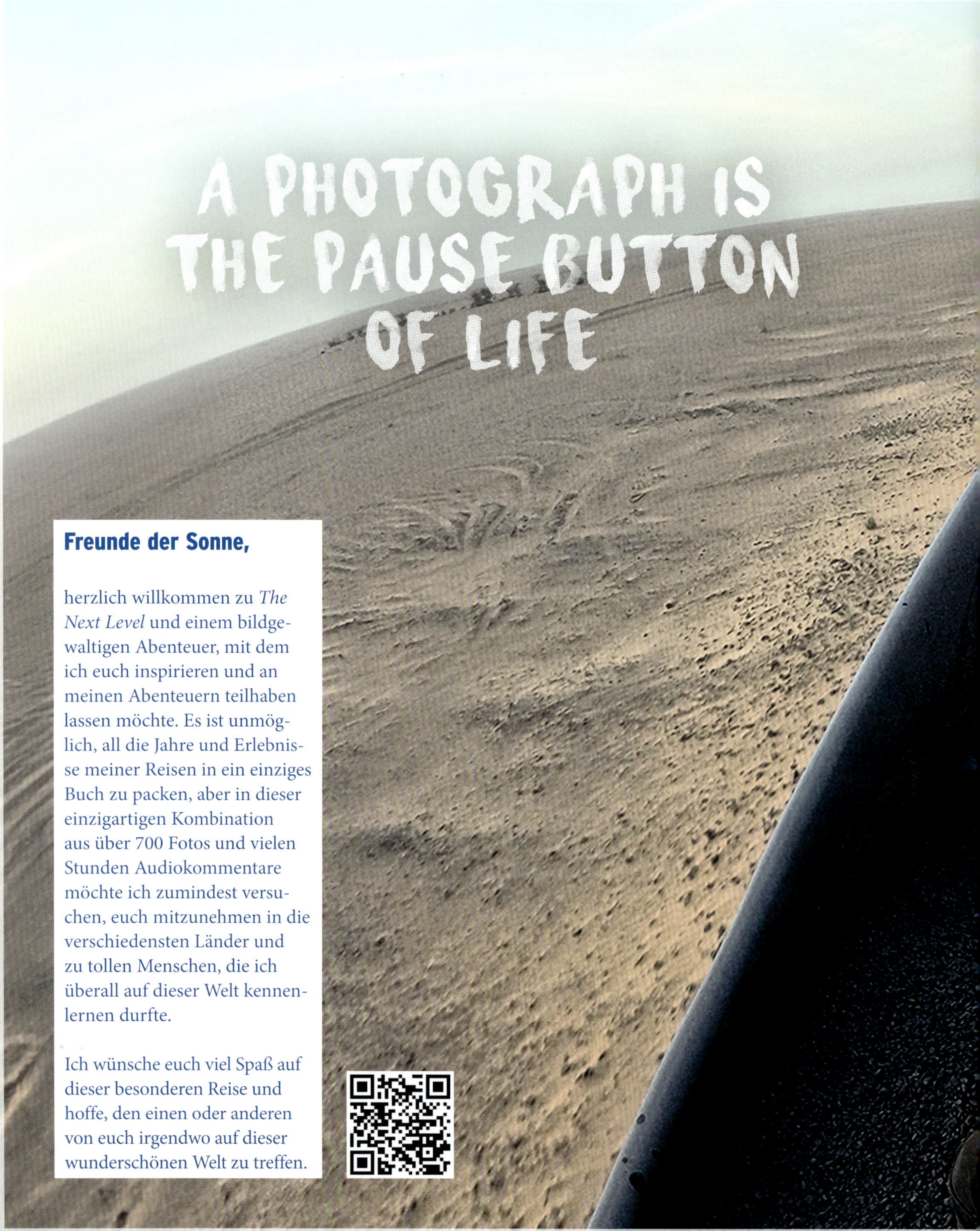

A PHOTOGRAPH IS THE PAUSE BUTTON OF LIFE

Freunde der Sonne,

herzlich willkommen zu *The Next Level* und einem bildgewaltigen Abenteuer, mit dem ich euch inspirieren und an meinen Abenteuern teilhaben lassen möchte. Es ist unmöglich, all die Jahre und Erlebnisse meiner Reisen in ein einziges Buch zu packen, aber in dieser einzigartigen Kombination aus über 700 Fotos und vielen Stunden Audiokommentare möchte ich zumindest versuchen, euch mitzunehmen in die verschiedensten Länder und zu tollen Menschen, die ich überall auf dieser Welt kennenlernen durfte.

Ich wünsche euch viel Spaß auf dieser besonderen Reise und hoffe, den einen oder anderen von euch irgendwo auf dieser wunderschönen Welt zu treffen.

SURFEN

seaLUST

seaLUST

Neben den Pyramiden von Gizeh gibt es noch so einige unscheinbare Schätze in Ägypten.

Die Blue Lagoon in der Nähe von Dahab mit dem türkisesten Wasser, das ich je gesehen habe.

Wahrscheinlich einer der geilsten Kitesurfing-Spots der Welt.

MAGISCHER HERZENSORT

Ägypten

Wenn wir ehrlich sind und ich in die Runde frage: »Hey, Ägypten, woran denkt ihr?«, denken die meisten wohl an Pyramiden oder Luxushotels auf der Sinaihalbinsel. Doch mein Ägypten beinhaltet mehr. Es ist vor allem Dahab, ein magischer Ort fernab vom Massentourismus. Hier kannst du nicht nur am Strand entspannen, sondern auch surfen, tauchen und abends in Bars und Restaurants die Atmosphäre genießen. Kein All-inclusive-Hotel, sondern ein unentdeckter Geheimtipp. →

Dahab, ein abgelegenes Örtchen mit Hippie-Charme

Ich lasse keine Chance ungenutzt, um auch mal ein Krankenhaus in Ägypten von innen zu sehen.

Magische Sonnenuntergänge in der Blue Lagoon. Mit etwas Glück sogar mit wilden Kamelen um dich herum.

Japp, so sieht Transport in Dahab aus!

Back to Basic! Hütten mit Matratzen auf dem Boden, kein Strom, kein Internet ... perfekt zum Runterkommen und Abschalten.

Was gibt es Schöneres als Live-Musik am Lagerfeuer?

NOCH UNBERUHRTER CHARME

Dahab

→ Die Blue Lagoon in der Nähe von Dahab ist ein Rückzugsort ohne Handyempfang. Ein Ort für Surfer, mit Sternenhimmel und Katzengeschrei. Die Blue Lagoon versprüht einen ganz besonderen Zauber, was sie für mich zu einem Herzensort macht. Empfehlung: Ein zwei- bis dreitägiger Trip, abgeschieden und offline. In Zukunft könnte ein Hotel die Atmosphäre verändern, daher lohnt es sich, den unberührten Charme von Dahab und der Blue Lagoon alsbald zu erleben.

Die Kakteen waren teilweise größer als wir!

Salinas Grandes in Jujuy / Salta ist der bekannteste Salzsee in Argentinien.

Argentinien

Wenn einem Argentinien in den Sinn kommt, denken viele an Maradona oder Messi, Fußball und köstliches Fleisch. Doch meine Erinnerungen umfassen mehr: die vielfältige Natur Patagoniens bis hin zu abenteuerlichen Roadtrips. Salta, Cordoba, Mendoza und die siebenfarbigen Berge prägten unsere Reise. Zwischen Landschaften, Kakteen, Alpakas und wilden Pferden erzählte jede Etappe ihre Geschichte – vom Reifenwechsel im Nirgendwo bis zum Empanadas-Abendessen mit der argentinischen Volleyballmannschaft.

Auf dem Mond oder in einer Salzwüste?

Unsere Retter in der Not, als unser Auto mal wieder einen Platten hatte.

Gefühlt sah die Landschaft im Norden Argentiniens während unseres Roadtrips alle fünf Minuten anders aus.

EIN BEENDRUCKENDER KONTINENT

Australien

Warum zieht Australien so viele Weltreisenden und Backpacker an? Besonders junge Menschen träumen nach dem Abitur oder Studium von einer Reise nach Down Under. Ein Grund dafür ist sicherlich die große Entfernung gepaart mit einer dennoch europäischen Atmosphäre vor Ort. Verglichen mit abgelegeneren Orten wie Peru ermöglicht Australien ein vertrauteres Gefühl, besonders, wenn man in Städten wie Melbourne, Sydney oder Perth an der Westküste landet. Die Freiheit, mit europäischer Mentalität und englischer Sprache zu reisen, sowie die Vielfalt an Aktivitäten wie Work & Travel, Surfen und tollen Abenden am Strand prägen den australischen Lifestyle. Der Erlebnisreichtum Australiens, von Stränden bis zur Tierwelt, ist immens und lässt das Herz jedes Reisenden höher schlagen.

Trotz der vergleichsweise höheren Kosten und nicht wenigen Moskitos bleibt die Schönheit des Landes unbestritten. Australien reizte mich nie besonders, aber nach Reisen durch Mexiko und Nordamerika zog es mich letztendlich dorthin. Mein Fazit: Australien fasziniert, sobald man es erlebt.

Kangaroo Island

Mein geliebter »Bumblebee«. Mein erster eigener Wagen, den ich mir selbst gekauft habe.

Ukulele lernen. Naja, zumindest habe ich es versucht.

Hier durfte ich mich als Straßenkünstler ausprobieren.

»Get rich or die tryin'.« In diesem Fall ging es erstmal um Nahrungssuche in den vollen »Müllcontainern«.

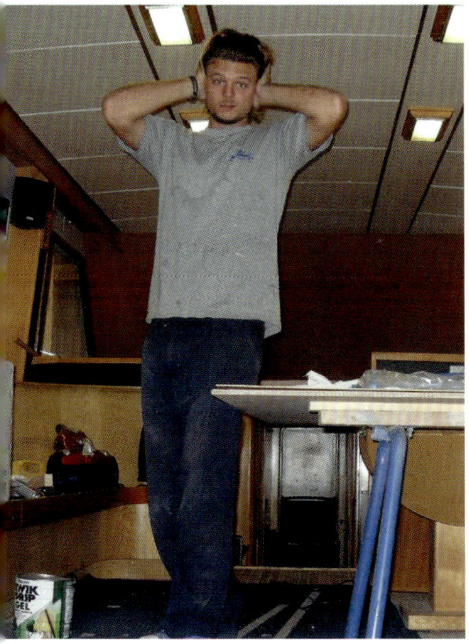

Nichts hören, nichts sagen, nichts sehen. In Australien hatte ich mehr als ein Dutzend Jobs, um meine Reisekasse über zehn Monate aufzufüllen.

Meine ersten Surfversuche in Australien. Das Wasser war das einzige, was eine gute Form an den Tag gelegt hat.

Wenn du Bock hast, einen Schneemann zu bauen, aber nur Strände um dich herum findest.

Wave Rock

Sonne, Sand und Salzwasser. Gefühlt sind es die simplen Dinge, die uns am meisten zurückgeben.

KARIBISCHES TAUCHPARADIES

Belize

Meine Erinnerungen sind eine Mischung aus Freude und Wehmut. Die Freude entspringt der Schönheit der Karibik, ideal zum Schnorcheln und Tauchen. Auf Caye Caulker begrüßte uns ein Schild mit »Go Slow« – repräsentativ für die entspannte Atmosphäre. Mein Wehmut resultiert aus meinem letzten Tauchgang. Blue Hole und andere beeindruckende Plätze ziehen Taucher an, allerdings ist die Wahl des Veranstalters von großer Bedeutung. Große Gruppen und Tauchgänge unter Zeitdruck waren nicht nur für uns problematisch!

Damals noch mit viel zu viel Gepäck unterwegs!

Angekommen auf der »Go Slow«-Insel Caye Caulker

Hawaiitoast an Weihnachten. Tradition bleibt Tradition. Auch wenn es nicht immer einfach war, die Zutaten zu finden.

Glücklicher Snapshot beim »Vögel füttern«.

Tauchen, schnorcheln, baden … Ein Traum auf Caye Caulker

Juli in Bolivien. -20 °C. Das mit der Sommerzeit auf der südlichen Hemisphäre hatte ich mir anders vorgestellt.

Buntes Treiben auf den Straßen in Sucre

Über den Dächern von La Paz

EIN RIESIGER ABENTEUERSPIELPLATZ

Bolivien

Bolivien zählt zu meinen Top-Zielen in Südamerika. Wer es nicht auf der Liste hat, sollte es draufsetzen! Drei Wochen sind empfehlenswert, um das vielfältige Land zu erkunden. Von Städten wie La Paz bis zu Orten auf über 3.000 Höhenmetern mit toller Kultur und einzigartiger Atmosphäre. Boliviens Natur ist darüber hinaus wirklich atemberaubend – ob man sie auf Mountainbike-Touren oder Wanderungen auf den Salzflächen erlebt. Bolivien ist ein unvergleichliches Abenteuer, also plane es ein und genieße es!

Stadtleben hin oder her ... Bei der Natur in Bolivien kam ich aus dem Staunen nicht mehr raus.

Die Todesstraße in Bolivien. Geiles Abenteuer, pures Adrenalin und Erinnerungen für den Rest des Lebens.

DOWNHILL EXTREM

Death Road Bolivien

Stell dir vor, du bist in Südamerika und bekommst die Chance auf ein aufregendes Abenteuer – mit einem Fahrrad und Gleichgesinnten. Von La Paz aus fährst du bergauf, um dann auf einer 60 km langen Downhill-Strecke in die Berge zurückzukehren. Die Straße ist anfangs asphaltiert, du erreichst hohe Geschwindigkeiten, überholst Autos. Dann wird es anspruchsvoller, die Straße schmaler, die Kurven enger, neben dir tiefe Abgründe. Willkommen auf der gefürchteten Death Road!

... den zweiten Teil der Strecke dann mit leichter Bekleidung genießen! Aber Schützausrüstung ist Pflicht!

Das erste Drittel der Strecke noch bei kalten Temperaturen erleben ...

Mit dem Mountainbike die »Death Road« runterfahren. Hört sich nicht nur waghalsig an, ist es auch. Aber geil!

Salar de Uyuni. Die größte Salzwüste der Welt.

SALZ, SO WEIT DAS AUGE REICHT

Salar de Uyuni Bolivien

Zusammen mit internationalen Mitreisenden aus verschiedenen Ländern ging es zum Salar de Uyuni, der größten Salzwüste der Welt. Wir übernachteten in einem Salzhostel auf 4.800 Metern Höhe, bei dem sogar die Wände aus Salz bestanden. Die unwirkliche Landschaft fühlte sich an wie eine andere Welt, besonders bei Spiegeleffekten auf dem salzigen Boden. Nach fünf Tagen in der Kälte war ein Sprung in heiße Quellen ein absoluter Höhepunkt.

Ein »Haufen« Salz ...

Könnte in meiner Vorstellung auch der Mars sein. Bitterkalt, jedoch einmalig zu erleben.

Ein Hostel aus Salz. Auf knappen 4.500 Metern Höhe erlebt man hier verrückte Dinge.

Zuckersüße Kids. Am liebsten hätte ich sie in meinen Backpack gepackt und mitgenommen.

Unterkünfte in der Salar de Uyuni bestehen komplett aus Salz!

Eine buntgemischte Gruppe aus verschiedenen Nationen. Am Schluss vereint die Abenteuerlust uns alle!

»Cementerio de los Trenes« – der wohl größte Eisenbahnfriedhof der Welt, angrenzend an die Salzwüste. Hier stehen über 100 Lokomotiven und Anhänger.

TRIP

Auch wenn ich damals wegen meines Muskelfaserrisses nur herumhumpeln konnte. Ein Strandspaziergang tat mir gut ... zumindest mental.

Acai Bowl deluxe! In dem Zeug könnte ich baden!

Hosteltipp in Pipa: Casa de Jacks!

Die besten Empenadas, die ich je gegessen habe.

Die Aussicht aus meinem Hostelbett. Da fiel das Einschlafen manchmal schwer bei den tosenden Wellen.

Liebe geht durch den Magen. Die Betreiber des Empenadas-Ladena inklusive des Live DJs (links).

MEIN BEACH OFFICE

Brasilien

Während des Reisens durch die Welt ist jedes Land mehr als nur ein abgehakter Punkt auf der Liste; jedes Land birgt eigene Erinnerungen und Gefühle. Ein Beispiel ist meine Zeit in Brasilien, insbesondere in Pipa. Dort, mit einem Muskelfaserriss, beobachtete ich Surfer und Schildkröten vom Hostelstrand aus. Ich verbrachte sechs Wochen in einer Hängematte und schrieb mein erstes Buch. Die Empanadas und die freundliche Familie bleiben unvergessen.

In meinen Erinnerungen gibt es natürlich auch diese eine Strandparty, auf der ich tagsüber irgendwie versucht habe, humplend zu tanzen. Stärker im Gedächtnis geblieben ist mir aber der Blick von links nach rechts, das Schwanken in der Hängematte, das Rauschen der Wellen, der Hunger auf Empanadas und die Arbeit am Buch.

Wer Brasilien bereist, sollte Pipa besuchen, besonders das Hostel Casa de Jacks. Silvester dort zu verbringen, ist eine einzigartige Erfahrung, die man anderswo nicht erlebt. Ein Herzenstipp von mir!

Wenn du bei einer brasilianischen Strandparty am nächsten Morgen noch den Sonnenaufgang erlebst …

Pura Vida – Pures Leben – zwei Worte und so ein großes Lebensgefühl in Costa Rica

ZENTRALAMERIKAS SCHWEIZ?

Costa Rica

Costa Rica ist natürlich ebenfalls ein wunderschönes Land, aber im Vergleich zu Panama und Nicaragua relevant teurer. Bedingt sicherlich durch die touristische Erschließung, was auch dem authentischen Reisegefühl nicht zuträglich ist. Ich war dennoch mehrfach dort und habe meine Zeit fernab der klassischen Tourismusziele genossen, z.B. im Hippie-Dörfchen Santa Teresa – toller Surfspot, spannendes Nightlife und grandiose Sonnenuntergänge.

Natural Pools in der Nähe von Santa Theresa

… neben wundervollen Sonnenuntergängen an der Westküste …

… bis hin zur unberührten Natur.

Ob rund um Santa Theresa an der Pazifikküste oder Limón an der Karibikküste Costa Ricas. Unfassbar schöne Strände!

Pura Vida in Costa Rica, ist wie das »Bula« auf Fidschi. Man benutzt diese zwei Worte für einfach alles!

Kurz vor unserem Bungee Jump in Monteverde

Fremde treffen und Freunde finden

Der Ausblick, wenn du in einer Mini-Propellermaschine von der Westküste Richtung Inland fliegst.

Motorrad fahren. Egal, bei welchem Wetter. Es gibt ja angeblich kein schlechtes Wetter ... nur in Schlamm getränkte Kleidung.

Mit den Bikes haben wir die ganze Stadt erkundet.

Die berühmte bunte Häuserreihe am »Nyhavn« in Kopenhagen

HYGGE

Kopenhagen Dänemark

In meinem Freundeskreis ist Dänemark eher beliebt für den Sommerurlaub am Strand. Ich erlebte Dänemark anders, als ich 2014/15 als Journalist für eine Fluggesellschaft Kopenhagen erkundete. Wir fuhren mit dem Fahrrad durch enge Gassen, saßen in gemütlichen Kaffeehäusern mit Blick auf bunte Häuser am Hafen – das war mein Kopenhagen, ich genoss die einheimische Kultur. Ich kann Kopenhagen jedem ans Herz legen, vor allem Nightlife und People Watching sind großartig!

Unser größtes Hobby: Essen!

ADVENTURE CAMPS

Unsere Adventure Camp Crew beim Sandboarding in Tamraght/Marokko.

Magische Momente beim Sonnenuntergang in Tamraght/Marokko

Der wahrscheinlich heißeste Hike ever im Paradise Valley in Marokko

Surf-Theorie in Marokko

Wildwasser-Kajaken auf dem türkisblauen Soca River in Slowenien

Chilli Milli mit unserer Adventure Camp Crew beim Campen in Slowenien

Die Seele baumeln lassen beim Lagerfeuer am Strand in Taghazout

SALTY
GOATS

Unschlagbare Aussicht von unserer Dachterrasse in Tamraght. Der Austausch mit gleichgesinnten Abenteurern.

Ein Sonnenuntergang in Las Terrenas

Leicht zu Fuß zu erreichen: der Wasserfall »El Limon«

NO INCLUSIVE

Dominikanische Republik

Die Dominikanische Republik hatte ich lange nicht auf meinem Zettel. Erst als ich 2021 nach einem Bandscheibenvorfall meine Reisefähigkeit vor einem Südafrika-Trip testen wollte, führte mich der Weg in die DomRep. Punta Cana und *all inclusive* kamen für mich nicht infrage, ich erkundete den nördlichen Teil des Landes. In Cabrera erkannte ich den Charme: tolle Strände, tolle Surfspots. Auch Santiago war ein Highlight mit Wasserfällen, Strand-Lagerfeuern und Oasis-Gitarrenklängen.

Aussicht von meiner Terrasse in Cabarete

Roadtrip durch Samanà

Typisches Foto eines »Dorm Rooms« unter Backpackern

Schön anzuschauen: Bacardi Island. Ob man hierher eine extra Tour buchen sollte, darf jeder für sich entscheiden.

Einfach mal mit anderen Reisenden ein Lagerfeuer am Strand machen, Deep Talks führen und den Wellen lauschen.

Unser Zuhause für mehr als zwei Monate

Aussicht über die Hauptstadt Quito

In Canoa braucht man keine Schuhe, Barfuß 24/7 – und ich lieb's!

AUSZEIT DELUXE

Ecuador

John Wayne auf »Wish« bestellt. Das erste und letzte Mal reiten. #schmerzenimschritt

Mein geliebtes Ecuador. Unser Seelenort war das kleine Küstendorf Canoe. Unser Hostel lag direkt am Strand, perfekt zur Erholung. Ich genoss Kaffee, las Bücher und surfte. Dann ergab sich die Möglichkeit, als Volunteer im Hostel zu arbeiten. Wir servierten Essen, organisierten Spiele, knüpften Freundschaften und bauten ein Schokoladenkekse-Monopol auf. Diese Zeit war ein Budgettipp, da ich Unterkunft, Essen und Surfen gegen Arbeit tauschte. Eine großartige Möglichkeit, die Locals kennenzulernen.

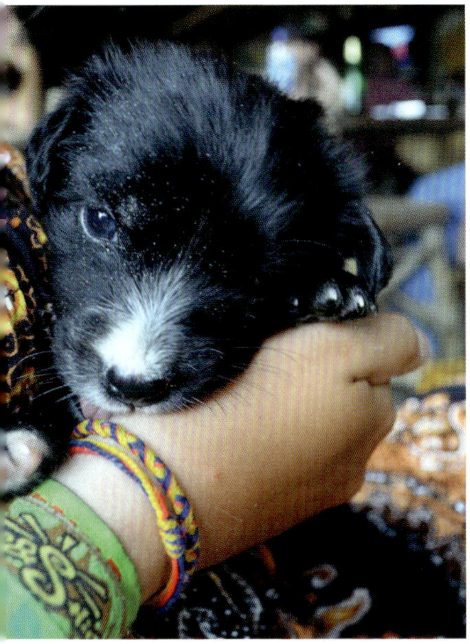

Fast jeden Abend chillten wir mit unseren Freunden im legendären Surf Shak

Bartendern im Hostel Coco Loco, gegen Übernachtung und Essen for free!

Geburtstagsüberraschungsparty im Hostel Coco Loco

Über den Dächern San Salvadors

Dagegen ist die Bildzeitung ein Kindercartoon!

Zuhause erst mal Vokabeln lernen ...

... dann die Prüfung mit Bravour bestehen. Borki in der Deutschschule.

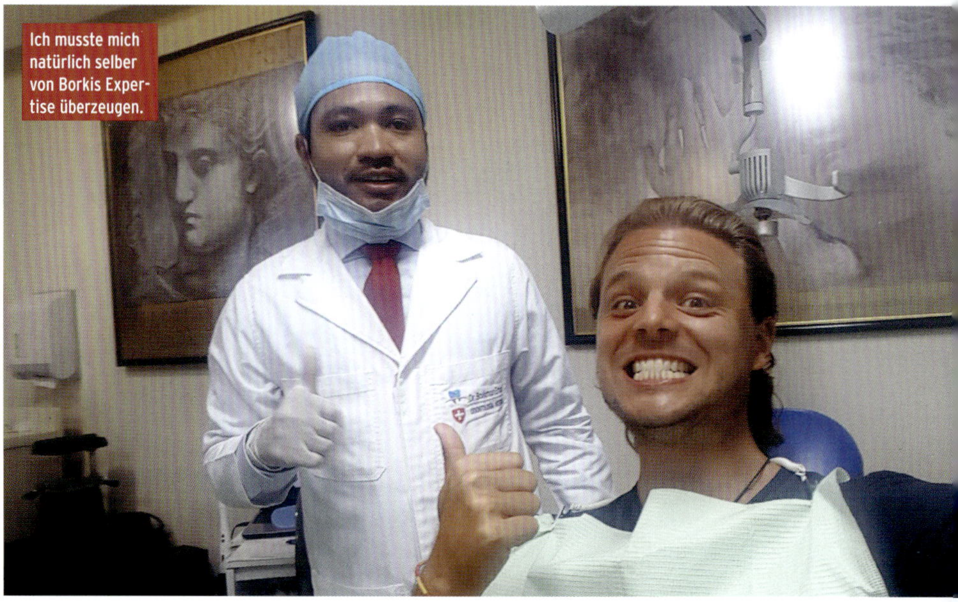

Ich musste mich natürlich selber von Borkis Expertise überzeugen.

Soyapango, ein Ghetto-district in San Salvador

So haben Borki und ich uns kennengelernt.

DANKBARKEIT FÜR DAS EIGENE LEBEN

Borkman El Salvador

Meine Erfahrungen aus meiner Show *Die geilste Lücke im Lebenslauf* zeigen, dass El Salvador bei den meisten nicht unbedingt auf den obersten Plätzen der Reiselisten steht. Doch mich hat mein Besuch des Landes verändert. Im Stadtteil Soyapango in der Hauptstadt San Salvador traf ich Borkman, einen Salvadorianer, mit dem eine nun seit über zehn Jahren bestehende Freundschaft entstanden ist.

Seine Herkunft und sein Lebensstil könnten sich kaum stärker von meinen unterscheiden – ein Zahnarzt in El Salvador, ein Leben in bescheidenen Verhältnissen. Seine Großzügigkeit und Gastfreundschaft berührten mich dadurch vielleicht umso mehr. Er öffnete mir die Augen für das Wertvolle im Leben. Wir teilten Momente und erzählten uns Geschichten. Borkmans positive Haltung trotz aller Schwierigkeiten inspirierte mich und hat zwischen uns ein tiefsitzendes Band aus Freundschaft gebildet.

Seine Lebenseinstellung lehrt Demut und Dankbarkeit für das eigene Leben.

Den Sonnenuntergang in El Tunco zusammen erleben

Die magischen Sonnenuntergänge in
El Tunco muss man einfach mal erleben …

... das wissen sogar die Babyschildkröten in El Salvador.

El Tunco El Salvador

Meine Erlebnisse in El Salvador hörten bei Borkman aber natürlich nicht auf. Ein wahrer Schatz, den ich teilen möchte, ist das Surfer-Örtchen El Tunco. Die warme Atmosphäre, das Rauschen der ankommenden Wellen und die meditative Stimmung machen den Strand zu einem Paradies.

Nach dem Surfen genießt man Popmusik und traditionelle Speisen oder leckere Tacos. Die Sonnenuntergänge sind atemberaubend. Abends in El Tunco zu feiern, ist eine großartige Erfahrung. Die lebendige Musik und das rhythmische Tanzen der Einheimischen schaffen eine mitreißende Stimmung.

Ein unvergesslicher Moment war die Begegnung mit Baby-Schildkröten. Ich half dabei, sie am Strand freizulassen, und taufte sie nach den Hero Turtels – das innere Kind sollte stets gelebt werden.

Wer El Salvador besucht, sollte El Tunco also unbedingt erleben – sei es beim Surfen oder Eintauchen in die lokale Kultur. Ein magischer Ort, den ich noch oft besuchen werde.

Ich durfte über 200 Schildkröten an den Strand absetzen und sie alle benennen.

Ich habe sie alle Leonardo, Michelangelo, Raphael und Donatello benannt. #NinjaHeroTurtles

Neben den lokalen Pupusas kamen Tacos auf keinen Fall zu kurz.

South Sea Island am Anfang der Yasawa-Inselkette

Der Blick vom legendären »Cast Away«-Strand

Der Ausblick über Mana Island

BULA

Fidschi

Die Fidschis sind ein faszinierender Ort, den ich bereits zweimal besucht habe. Sie bestehen aus 332 Inseln, von denen jede schöner ist als die andere. Ich erinnere mich besonders gerne an die nördliche Inselkette, zu der Kate Island und Suzi Island gehören. Damals kaufte ich einen sogenannten »Boulder Pass«, der es mir ermöglichte, Inseln mit verschiedenen »Kokosnuss-Wertigkeiten« zu erkunden. Eine Kokosnuss stand für einfache Hütten mit Frühstück, während drei Kokosnüsse für ein luxuriöses Resort standen.

In Fidschi-Manier mit Bananenblättern geschmückt warte ich auf die neuen Besucher der Insel.

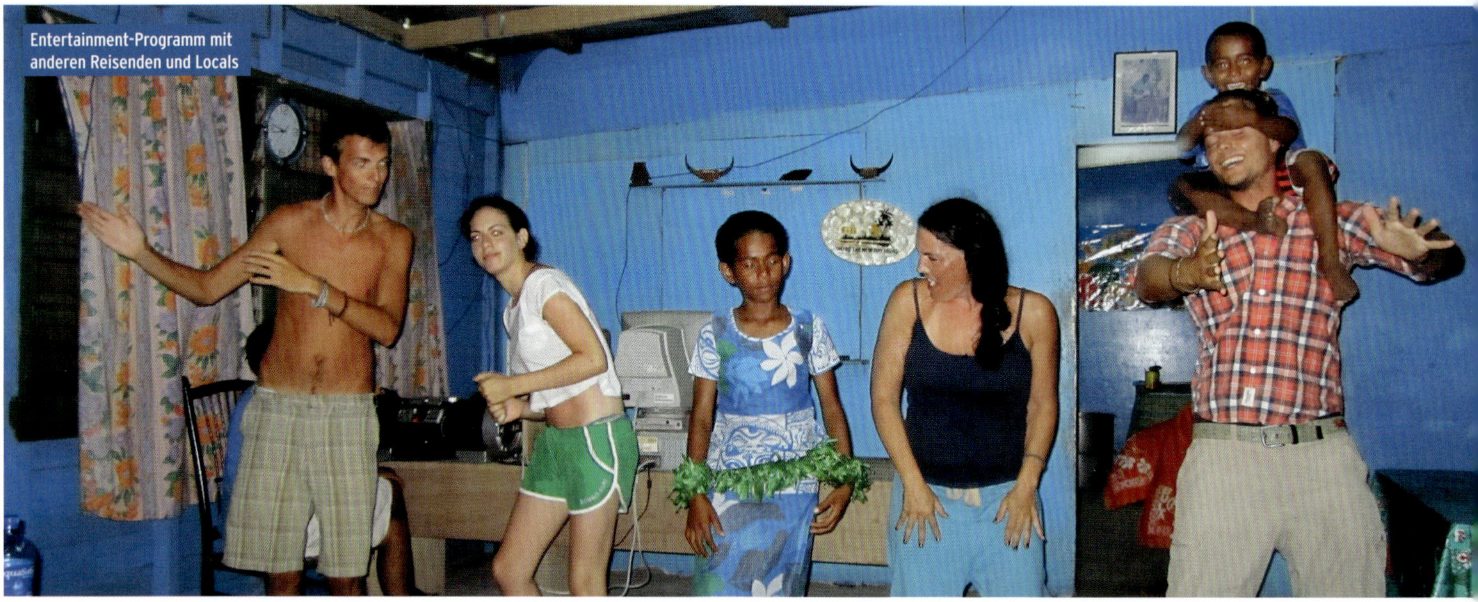
Entertainment-Programm mit anderen Reisenden und Locals

Wenn aus Fremden nicht nur Freunde werden, sondern gefühlt eine zweite Familie.

Einer meiner Lieblingsbeschäftigungen auf den Fidschis: mit den Kids rumalbern.

»Ladybug« beim Spielen

Der legendäre Täter meiner Harpunenschussverletzung und ich

BULA

Fidschi Family

Eine Insel, Mana Island, werde ich wohl für immer in Erinnerung behalten. Nicht unbedingt, weil ich dort angeschossen wurde, sondern weil ich dort Menschen traf, mit denen ich eine unglaubliche Zeit hatte. Leider existiert das Hostel, in dem wir waren, nicht mehr, doch die Erlebnisse bleiben in meinem Herzen lebendig. Ich habe immer noch Kontakt zu den Freunden, mit denen ich zwei Monate auf der Insel verbracht habe. Die Erinnerungen an diese Zeit sind kostbar.

Auf Korsika haben uns die Berge noch bessser gefallen als der Strand.

Surfskaten an der Strandpromenade

FRANKREICH AT IT'S BEST

Korsika Frankreich

Auch wenn die französische Sprache nicht meine Stärke ist, habe ich das Land bereits einige Male besucht. Ich habe das eine oder andere klischeebedingte Vorurteil gegen die Franzosen, aber Korsika hat mich wirklich uneingeschränkt begeistert.

Die Natur ist wunderschön und die Insel bietet – vor allem außerhalb der Hauptsaison – tolle Möglichkeiten für abenteuerliche Roadtrips.

Der Hafen Ajaccio. Sehr schön anzuschauen, im Umfeld aber auch sehr touristisch.

CARABINIERI

Die Straßen von Psiri sind ein Kontrast zu den klassischen Sehenswürdigkeiten Athens.

Tipp von Locals: Ouzo nur mit viel Eis trinken!

Eine Stadt mit vielen Gesichtern

Ein Muss für klassische Kultur- und Architekturliebhaber

MODERNE ANTIKE

Athen Griechenland

In der antiken Sage half Achilles den Griechen im Kampf gegen Troja. Heute prägen Athen diese antiken Stätten ebenso wie Graffitis auf verfallenen Mauern. Die Stadt wird oft mit Monumenten assoziiert, doch den modernen Blickwinkel finde ich faszinierender. Ähnliches erlebte ich in Städten wie Melbourne und Bogota. Städtetrips sollten sich vom Hier und Jetzt leiten lassen. Entdeckt Graffitikunst in den Straßen, lasst euch treiben und begegnet den Einheimischen!

Athen: zwischen Göttern und Graffiti

In der von Vulkanen umgebenen kleinen Stadt Antigua

Wenn der Bus zu voll ist, wird man auch mal aufs Dach gesetzt, um für sechs Stunden über den Dschungelweg Richtung Semuc Champey zu fahren.

Steffis Gastmutter während ihrer Spanisch-Schule

Live-Musik an jeder Ecke

Flores Island

Unsere Unterkunft in Semuc Champey, wo wir auch Silvester gefeiert haben. Ohne Strom, einfach nur Natur pur.

Natürliche Pools, die wir als Rutschen benutzt haben

MEIN HERZ ZENTRALAMERIKAS

Guatemala

Guatemala ist mein präferiertes Land in Zentralamerika. Nicht nur wegen der Abenteuer, die ich hier erlebt habe. Auch Städte wie die antike Stadt Antigua mit Kopfsteinpflasterstraßen, bunten Häusern und Straßenkünstlern haben mich beeindruckt. Kultur, Straßenmusik, Straßenverkäufer und lebhafte Märkte verleihen vielen Orten eine besondere Atmosphäre. Meine Reisen nach Guatemala haben mich stets beeindruckt und waren reich an Erlebnissen und herzlichen Begegnungen.

Buntes Treiben am Queen-Victoria-Bahnhof

In den Straßen des Dharavi Slums

Arbeitsplätze im Slum

Die größte Freiluftwäscherei der Welt: Dhobi Ghat

HINTER DER FASSADE BOLLYWOODS

Indien

Indien ist wie Koriander – manche lieben es, andere können nichts damit anfangen. Ich selbst war nur in Mumbai, hatte dort jedoch einen ausgewachsenen Kulturschock. Menschenmassen, Gewusel und Armut können einen leicht überwältigen. Begegnungen und Fragen haben mir ein tieferes Verständnis eröffnet und einmal mehr gezeigt, dass man sich auf Kultur und Lebensweise der Einheimischen einlassen sollte, um eine eigene Verbindung zum Land aufzubauen.

Leider keine Seltenheit: Müllflüsse in der Metropole Mumbai

Bei der Aussicht ist es kein Wunder, warum Indonesien wohl das Land ist, das ich am häufigsten bereist habe.

Auf dem Weg Richtung Ost-Nusa Tenggara

DAS LAND DER INSELN

Indonesien

Indonesien ist vermutlich das Land, das ich über die Jahre am häufigsten besucht habe. Meine Entdeckungsreise begann 2011 – wie bei vielen –auf Bali, dessen Charme über die Jahre durch den wachsenden Tourismus etwas verblasst ist. Es ist also Zeit, auch anderen Orten eine Chance zu geben – Lombok kann ich sehr empfehlen, ganz oben auf meiner Liste stehen auch die Nord-Molukken. Denn Indonesien ist ein wunderschönes Land mit freundlichen Menschen und köstlichem Essen.

Reisterrassen in Ubud

Aquaplaning auf ganz neuem Niveau

Klassiker auf abgelegenen Inseln: Kids halten dich auf deinem Roller an und wollen unbedingt ein Foto.

Der Ausblick nach einer Surfsession in Lombok

In love mit indonesischen Sonnenuntergängen

Sooo kalt, dass einem die Nasenhaare einfrieren!

Im Winter der Straßenbeschilderung folgen zu wollen, ist gar nicht mal so einfach.

DIE WUNDERSCHÖNE INSEL

Island

Island im Winter fühlt sich an wie auf dem Mars.

Meine Reise nach Island ist bis heute unvergesslich. Es war im Januar 2017, ich war über Weihnachten zuhause. Spontane Entscheidung für Island. In Reykjavik gelandet – teuer, aber lohnenswert. Wir entdecken die einzigartigen Landschaften und machen Jagd auf Nordlichter. Nach Tagen der Geduld werden wir belohnt mit magischen Momenten in einer klaren Nacht über einem zugefrorenen See. Ein wunderschönes Abenteuer, Island ist absolut empfehlenswert.

Gulfoss Wasserfall

Wir haben jede Nacht mit unserem Auto die Nordlicher gejagt.

Das Ergebnis eines sogenannten Purikura-Fotoautomaten.

In Japan wird dein Orientierungssinn auf die Probe gestellt.

Ryokan-Gasthaus mit traditioneller Kleidung

ZWISCHEN MAID CAFÉ UND SUSHI-BAR

Japan

Japan ist natürlich (im positiven Sinne) ein wenig verrückt, fasziniert aber ebenso durch seine einzigartige Kultur und tollen Menschen. In Tokio entdeckte ich kuriose Fotoautomaten, das Fischrestaurant bot Ninja-Kurse an und Eiscreme schmeckte nach Aal. In Tokio vermischt sich modernster Lifestyle mit der Tradition japanischer Gästehäuser. Japan ist vielseitig, von Tempeln bis zu Anime. Eine Reise ans andere Ende der Welt, die sich lohnt.

Gameboy-Musik, pinke Deko und Hasenohren. Typisches Setting in einem Anime-Café in Tokio.

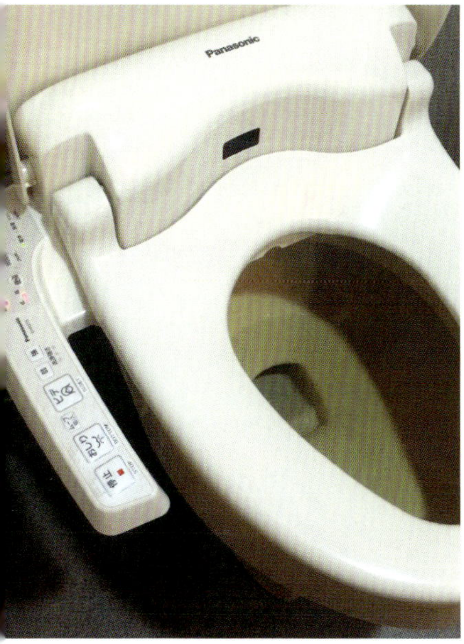

Zu Fuß und mit Karte in San Francisco

Mit dem Motorrad durch Vietnam

Mit dem Beiwagengespann durch Kuba

Philippinen – auf dem Weg zu den Chocholate Hills

Wellen jagen mit dem Camper auf Fuerteventura

TRANS PORT

Mit dem Taxi durch Mumbai

Mit dem »Collectivo« durch Mexiko

Jeep-Expedition durch die Salzwüste Boliviens

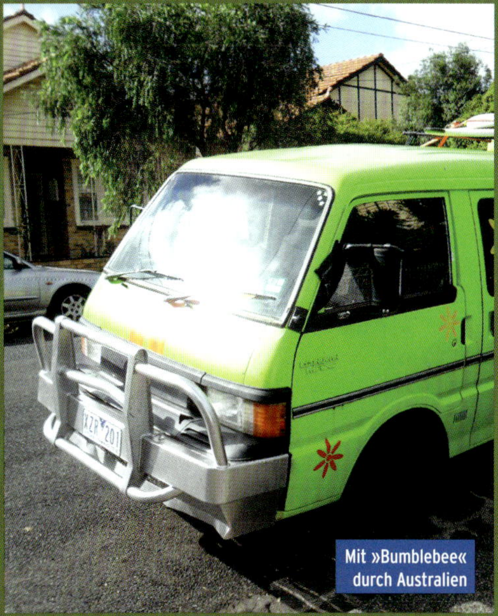

Mit »Bumblebee« durch Australien

In einer »Nussschale« auf den San Blas Islands in Panama

Auf einem Katamaran im Pazifik

Typisches Fortbewegungs-
mittel in Lappland

Ein Sleepingboat
in Indonesien

Eine Schlaffähre
in Thailand

Auf dem Iron Train
durch die Sahara

Mit dem Pferd durch
Canoa, Ecuador

Mit dem TukTuk
durch Bangkok

Amman bei Nacht

Bester Hummus ever!

Blick auf das Tote Meer

Die Al-Husseini-Moschee in der Hauptstadt Jordaniens

Süße, kleine Gassen bei einem nächtlichen Spaziergang durch Amman

DER BESTE HUMMUS

Amman Jordanien

Jordanien ist wunderschön, obwohl es lange nicht auf meiner Liste stand. Nun empfehle ich es ständig. In Amman erlebte ich das Nachtleben, besuchte Moscheen und genoss den besten Hummus meines Lebens. Mit einem gemieteten Auto durchquerte ich Jordanien, übernachtete im Wadi Rum und sah die Star-Wars-Drehorte. Ein unvergesslicher Moment war die stille Nacht im Camp, der endlose Sternenhimmel, die Kamelgeräusche. →

Gerne auch mal abseits der Wege Petra auf eigene Faust erkunden

Der Zugang zu Petra durch die Al-Siq-Schlucht

Sensationeller Blick auf Petra

Eine kurze Teepause nach 14 km Wandern durch Petra

EIN HAUCH VON INDIANA JONES

Petra Jordanien

→ Die berühmte Ruinenstadt war atemberaubend. Der Eingangspalast ist beeindruckend – Petra hat aber noch mehr zu bieten: Tempel, Ruinen, Städte. Für perfekte Fotos muss man früh da sein, bevor die Massen kommen. Ich war einer der Ersten und genoss die Einsamkeit. Die Erfahrung, Petra zu durchqueren, war schöner als der pompöse Eingang. Eine Reise nach Petra ist definitiv zu empfehlen, besonders für Erstbesucher Jordaniens.

Sandsteinberge, so weit das Auge reicht

Mein Highlight im Wadi Rum: sternenklare Nächte in absoluter Stille

BEEINDRUCKENDE (FILM)KULISSE

Wadi Rum Jordanien

Wie so oft: Der Aufstieg ist anstrengend, doch der Ausblick lohnt sich auf jeden Fall!

Typische Camps im Wadi Rum

Angkor Wat. Auch wenn man schon viele Tempelanlagen in Asien besichtigt hat – diese ist einmalig!

Der bekannte Ta-Prohm-Tempel

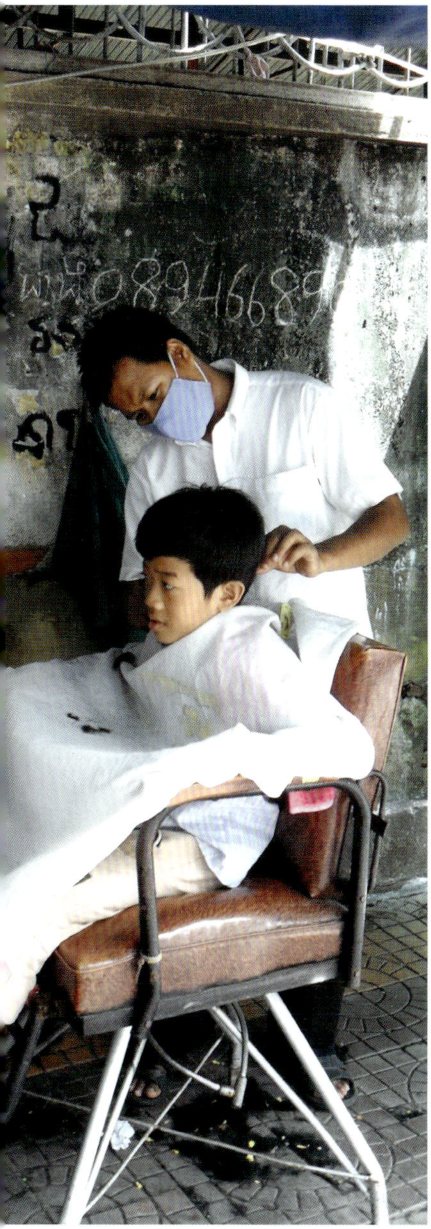

TEMPEL UND TRADITION

Kambodscha

Kambodscha ruft Bilder von Angkor Wat hervor, doch es sind die zwischenmenschlichen Erfahrungen, die mich wirklich begeisterten. Ich erinnere mich an Street-Food-Stände, in der Pause schlafende Rikscha-Fahrer und Friseursalons direkt an der Straße, inklusive Kindern mit Töpfen auf dem Kopf für den perfekten Haarschnitt. Solche menschlichen Momente berühren mich. Die fremde Kultur und die traurige Geschichte des Landes prägen eine ganz eigene Atmosphäre.

Der Bayon-Tempel mit Gesichtsverzierungen

Effizient, hier wird die Hängematte ins TukTuk gehängt.

Ausblick über die Metropole Montreal

Hier schlägt das Herz für Outdoorer

Der sagenumwobene Moraine Lake

KEEP EXPLORING

Kanada

Kanada ist das Land, bei dem ich am meisten bedaure, damals ohne eine professionelle Kamera unterwegs gewesen zu sein. Dennoch bleiben die Erinnerungen lebhaft: ein Familien-Roadtrip durch die Rocky Mountains mit meinem Vater und Bruder. Angeln am See, Begegnungen mit Wölfen und Schwarzbären auf Straßen. Momente, die ich nicht einfangen konnte, die aber tief in meiner Erinnerung verankert sind. Die Natur Kanadas ist atemberaubend, Vancouver könnte eine Wahlheimat sein!

Mit meinem Vater und Bruder auf Adventuretrip in den Rocky Mountains

Die Niagara-Fälle, irgendwie habe ich sie mir größer vorgestellt.

Kenia

Meine Kenia-Erfahrung ist durchwachsen, was vor allem auch daran liegt, dass mir ein besonderer Sonnenbrand namens »Margarita Burn« die Reise verhagelte. Jenseits der Krankenhausaufenthalte waren wir aber natürlich auch auf Safari – und die Nähe zu den Tieren war wirklich beeindruckend. Sicherlich ist Kenia ein wunderschöner Ort für einen Erholungsurlaub, wenn man sich nicht gerade mit Limettensaft die Gesundheit ruiniert (mehr dazu im Audio-Kommentar). Mal schauen, ob mich meine Reisen wieder einmal in das Land führen werden.

Meine erste Safari im Tsavo East National Park

Unendliche Stille, nur die Geräusche der Tiere in der Nacht

Ist das Zebra weiß mit schwarzen Streifen oder schwarz mit weißen Streifen?

Strandspaziergang in Mombasa

Auf einem der Game Drives

Ausblick nach unserem Hike von dem Felsen in Guatapé

MEHR ALS KAFFEE UND KULTUR

Graffiti Kolumbien

Wir segelten von Panama nach Kolumbien. Ursprünglich wollten wir nach Cartagena im Norden, aber hohe Wellen zwangen uns zu einem Umweg nach Turbo. Von dort nahmen wir einen Bus nach Bogota, wo uns die beeindruckende Graffiti-Kunst faszinierte. In Boca Manga, wo wir einige Bekannte hatten, erlebten wir ein kleines Familienfest. An Ostern in Santa wurde uns eine beeindruckende Darstellung der Kreuzigung Jesu geboten.

Von den Graffitis in Bogotá konnten wir nicht genug bekommen.

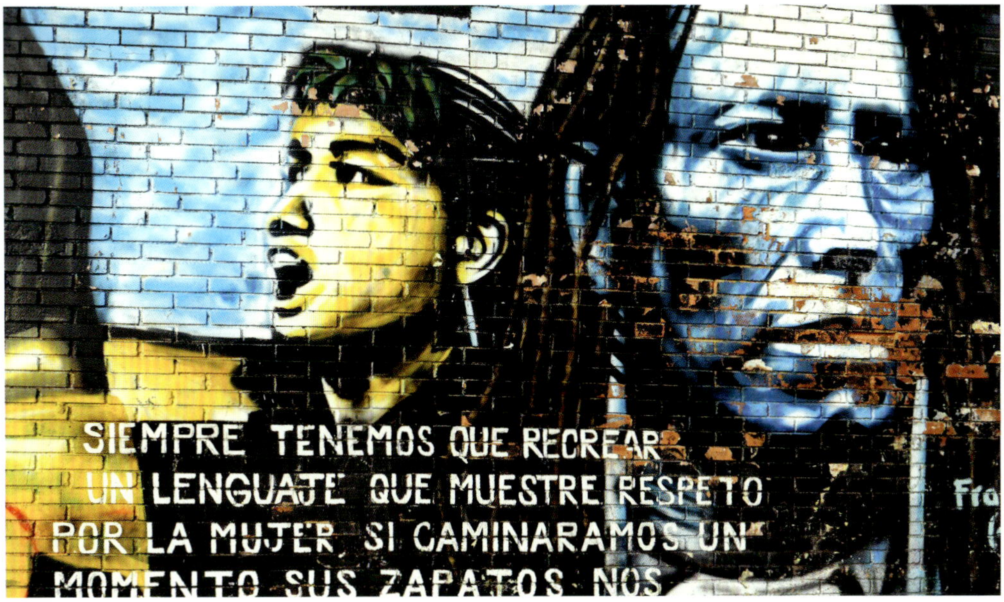

AUF DEN SPUREN PABLO ESCOBARS

City Life Kolumbien

Über den Dächern von Medellin

In den Straßen von San Gil

Bucaramanga

Die berühmte Wallfahrtskirche Santuario de Nuestra Señora Las Lajas in Ipiales

Guatapé

Egal, ob Tee, Empenadas oder Prepaid-Handys – bei den Straßenverkäufern bekommt man alles!

Spielende Kinder in den Straßen Havannas

RHYTHMUS UND REVOLUTION

People Kuba

Wenn mich jemand nach meinem Lieblingsland fragt, sage ich normalerweise, dass ich keines habe. Aber immer wieder denke ich an Kuba – nicht unbedingt, weil es so wunderschön war und mein Lieblingsland ist, sondern weil das Essen dort sehr gewöhnungsbedürftig ist. Kommunismus und Sozialismus haben das Land geprägt, Armut ist weit verbreitet. Entsprechend einfach ist das Essen, z. B. trockenes Baguette mit Ei oder die berühmten Peso-Pizzen.

Gesichter, die Geschichten erzählen

Eher selten von Einheimischen konsumiert: der Mojito. Kubaner stehen eher auf puren Rum.

Musik gehört bei den Kubaner dazu wie die Luft zum Atmen.

Tosende Wellen prallen auf die berühmte Uferpromenade Malecon

Auf dem Weg zur Schule, vorbei an den Verwüstungen des Hurricanes

Hurricane Sandy hat Santiago de Cuba teilweise in Schutt und Asche gelegt.

Ein Einwohner vor den Trümmern seiner Straße

TÜV-geprüft ist das wohl nicht

DIE GEWALT DER NATUR

Hurrikan Sandy Kuba

Ich war 2013 während des Hurrikans Sandy in Kuba und erlebte die Verwüstungen in Santiago de Cuba. Die Stadt schien dem Erdboden gleichgemacht worden zu sein, aber das Leben ging trotzdem weiter. Die Einheimischen hatten einen beeindruckenden Optimismus, trotz der schweren Umstände. Es war erschreckend und erfüllte mich mit Demut – zugleich war es aber auch interessant, die Auswirkungen einer Naturkatastrophe zu erleben.

Ein zerstörter Friedhof unweit von Santiago de Cuba

Baden in den Pools von Kuang Si

SLOW ON A BOAT

Laos

Laos ist oft »nur« ein Zwischenstopp auf der Bucket List für Asien-Reisende. Meine Reise führte mich damals von Shanghai nach Luang Prabang im Norden von Laos. Ein Höhepunkt war für mich die Fahrt auf einem Slow Boat, das den Fluss stundenlang entlangfuhr. Auch die Nationalparks rund um Luang Prabang waren ein Highlight. Das Land ist sicherlich nicht zu meinem absoluten Lieblingsziel in Südostasien geworden, es ist aber definitiv einen Besuch wert.

Mit Gleichgesinnten durch Laos reisen

Eingelegte Schlangen und Eidechsen: nahrhafte Lebensmittel

Mit dem »Slowboat« durch Laos schippern

Strand-Naps sind die besten

... oder auch in der Hängematte im Schatten

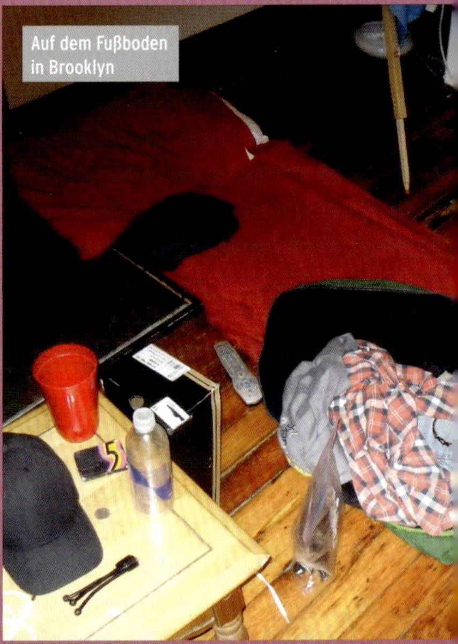
Auf dem Fußboden in Brooklyn

Camping in Tulum, Mexiko

Couchsurfing in Kanada

Im Hosteldorm mit 64 Betten

ÜBER NACHT UNGEN

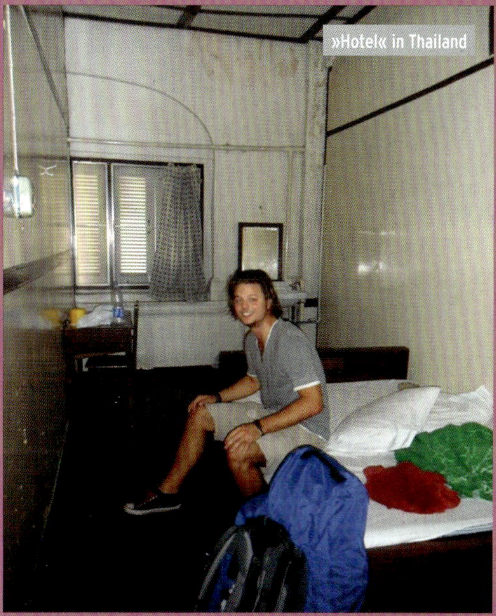

»Hotel« in Thailand

Hotelzimmer in Singapur

Ein »Nightboat« in Indonesien

Camping zwischen Sydney und Adelaide

Einfach mal in einer Hotelanlage ein Strandbett für die Nacht benutzt

Ein »Sleepingbus« in Vietnam

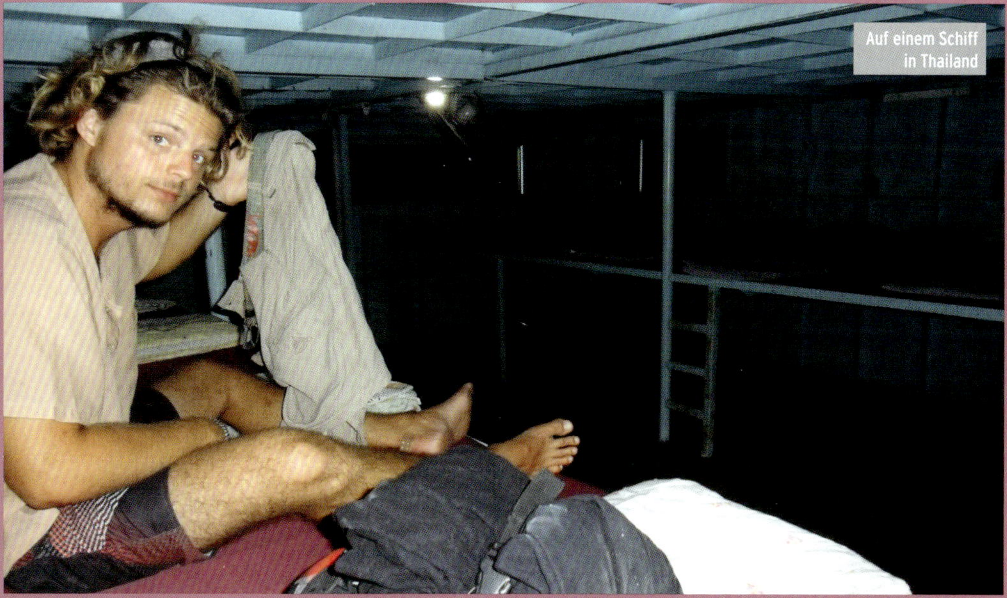

Auf einem Schiff in Thailand

Hotelzimmer in Arizona

Couchsurfing in Melbourne

Gästezimmer in Playa del Carmen, Mexiko

Couchsurfing in Portland

Cold as ice!

NICK ALLEIN ZUHAUS

Hüttenleben Lappland

Im März 2023 war ich in Lappland in einer besonderen Unterkunft, die man nur über eine 1,8 km lange Wanderung erreichen konnte. Ich war vier Tage lang völlig allein, umgeben von Schnee und Stille. Ich wagte mich auf Skiern und einem Hundeschlitten in die Wildnis, begegnete Einheimischen, die ihre Kinder in Schlitten durch den Schnee zogen, und genoss die unvergesslichen Sonnenuntergänge, die fast zwei Stunden dauerten.

Huskytour in den unendlichen Weiten Lapplands

So sieht man aus bei einem Spaziergang bei -34 °C.

Meine Unterkunft im Nirgendwo in Lappland an der Grenze zu Russland

Gefühlt dauerten die Sonnenuntergänge zwei Stunden.

Snowboarden in Kittilä

Hier kommt man aus dem Staunen nicht mehr raus!

Auf einer einsamen Hütte in Lappland und nachts erlebst du solche Ausblicke.

Surreal, oder?

HIMMELSLEUCHTEN

Nordlichter Lappland

In der abgelegenen Hütte in Lappland musste ich nicht nur Holz selbst hacken und das Wasser aus dem Fluss pumpen, sondern erlebte auch ein unvergessliches Nordlicht-Spektakel. Abseits jeglicher Zivilisation und nahe der russischen Grenze erstrahlten die Nordlichter zwei Stunden lang in verschiedenen Farben am stockdunklen Himmel über einem gefrorenen See. Die Kälte von -34 °C konnte meine Begeisterung nicht trüben. Diese Erfahrung werde ich nie vergessen.

Vier Tage in einer einsamen Hütte in Lappland verbracht. Keine Geräusche, keine Menschen. Nur ich und die Nordlichter!

In den bunten Gassen von Taghazout

Der Ausblick über Taghazout

Surfmekka. Selbst der Busfahrer weiß das!

GO SURFING

Marokko

Kleine, malerische Gassen, farbenfroh und verwinkelt. Eine herrliche Strandpromenade lädt morgens zum Cappuccino-Trinken und Surfen ein. Marokko bietet ideale Bedingungen für digitale Nomaden, Remote-Arbeiter und Freelancer, um den marokkanischen Flair zu erleben. Marokko wird oft unterschätzt, aber gerade die Region um Agadir ist aufstrebend im Tourismus, dennoch erschwinglich. Und Marrakesch fühlt sich an wie ein Partie *Assassin's Creed*. Marokko ist ein Traumziel!

Der »Stadtstrand« von Taghazout mit seinen unverkennbaren Fischerbooten

Enge Gassen, farbenfrohe Häuser und gefühlt Hunderte Katzen und Hunde. Willkommen in Taghazout.

Paradise Valley

Gehyped vom Sandboarden

Produktiv über den Dächern von Taghazout

Der etwas andere Wachturm an den Stränden Marokkos

Kids beim Fußball spielen, während die Sonne untergeht

Ausblick über Tergit

Zwischen Palmen und Bergen: die Terjit-Oase

Es gibt viele Tankstellen in Mauretanien. Die meisten funktionieren nicht.

UNBEKANNTES LAND

Mauretanien

Viele fragen sich, was Mauretanien eigentlich ist und wo es liegt. In meinen Augen ist Mauretanien die Antwort auf viele Fragen, da es eines der am wenigsten bereisten Länder der Welt ist. Mauretanien hat zwar nicht viel zu bieten, aber das, was es hat, ist beeindruckend. Mauretanien ist schmutzig – Mülltrennung ist unbekannt – und die Hitze im Frühjahr und Sommer kann brutal sein, aber die Oasen und Nomaden sind faszinierend. Es lohnt sich, das Land zu erkunden!

Albtraum vieler. Ein Autounfall mitten in der Wüste zwischen Atar und Zouaret.

Wenn kaputte Bremsen auf kurvenreiche Straßen treffen – wir hatten Glück, dass alle überlebt haben.

Mit dem Schrecken und ein paar Kratzern davongekommen

Der Marktplatz von Atar

Immigration zwischen Westsahara und Mauretanien

Nick, das menschliche Kissen

Ist das Kunst oder kann das weg?

So werden Tiere in Mauretanien transportiert.

Mit dem Iron Train für 20 Stunden durch die Sahara tingeln.

Staubige Angelegenheit

BLINDER PASSAGIER

Iron Train Mauretanien

Der Iron Train ist der längste Zug der Welt und kann je nach Transportmenge zwischen drei und sieben Kilometer lang sein. Er bewegt sich langsam durch die Wüste Mauretaniens und transportiert Eisenerz von der Mitte des Landes zur Küste, von wo aus es weltweit exportiert wird. Die gesamte Reise dauert 20 Stunden und bietet ein einzigartiges Erlebnis. Es ist möglich, auf die Eisenerzcontainer aufzuspringen, obwohl dies eventuell nicht legal ist ... Die Fahrt durch die Sahara bei 44 °C Hitze ist anstrengend, aber faszinierend. Nachts bei 25 °C auf dem Container zu sitzen und den klaren Sternenhimmel zu betrachten, ist ein unvergessliches Erlebnis. Essen ist schwierig bei der Hitze, daher begnügte ich mich mit Nüssen und viel Wasser. Meine Freunde fragten mich später, warum ich dieses Abenteuer unternommen hätte trotz Minenfeldern und einem schweren Autounfall zuvor. Mein Rat: Solange es dich glücklich macht, musst du nicht nach dem Sinn für andere suchen. Ich organisiere jetzt sogar eigene Adventure Camps in Mauretanien, um dieses einzigartige Erlebnis zu teilen.

Kein Ende in Sicht. Der Zug ist über vier Kilometer lang.

Nach 20 Stunden in Nouadhibou angekommen

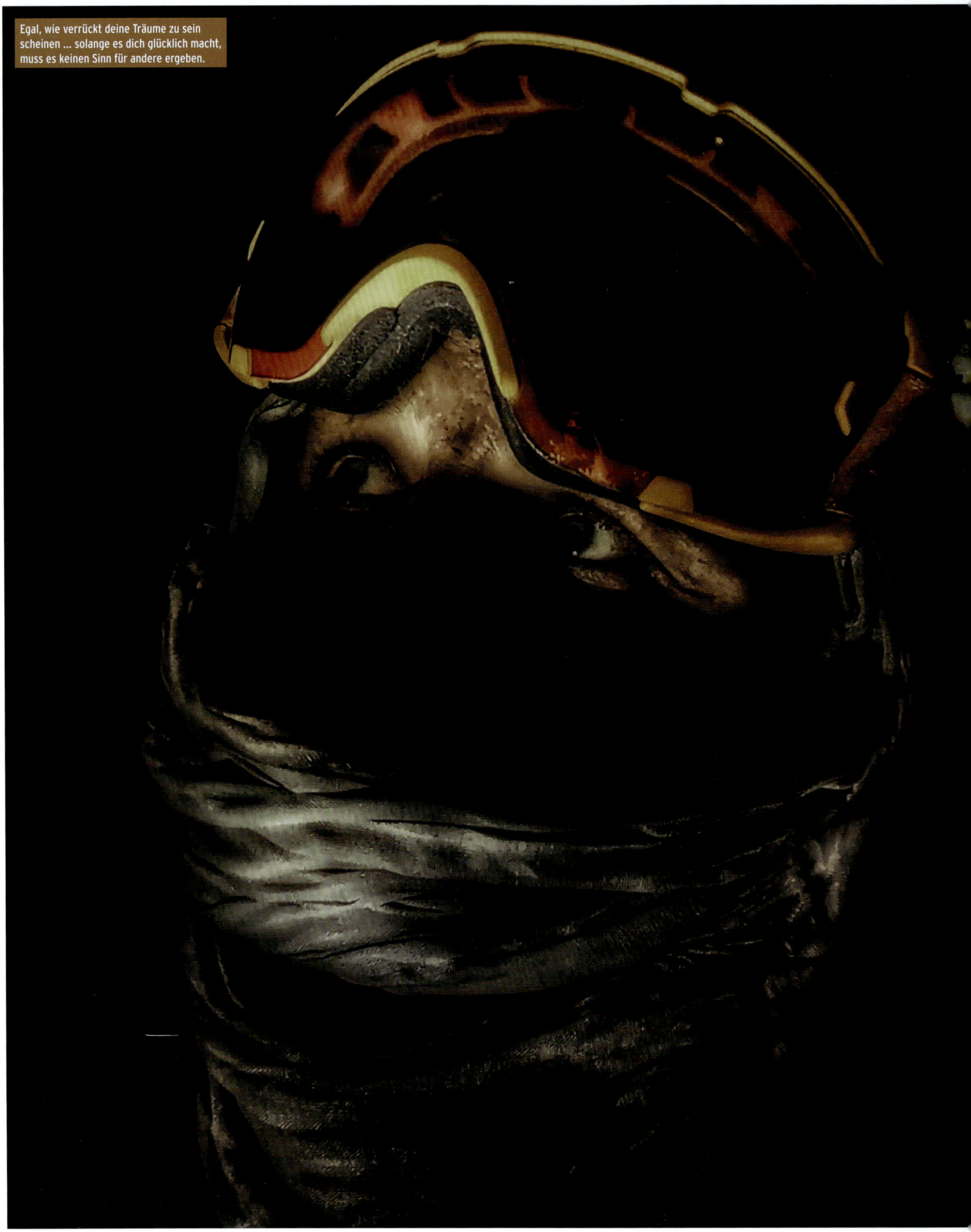

Egal, wie verrückt deine Träume zu sein scheinen ... solange es dich glücklich macht, muss es keinen Sinn für andere ergeben.

Ein Abenteuer, das seinesgleichen sucht …

Die Ruinen von Palenque

Zenoten rund um Vallodolid

WO ALLES BEGANN

Mexiko

Mexiko wir für mich immer einen besonderen Platz im Herzen haben , da ich dort mit einem One-Way-Ticket meine Weltreise begann. Ich lernte eine neue Sprache, traf gleichgesinnte Reisende und entdeckte die Schönheit des Landes. Ich bin mittlerweile mehrfach dorthin gereist, und Orte wie Playa del Carmen fühlen sich mittlerweile an wie ein zweites Zuhause. Die Kultur, das Essen und die Bräuche sind faszinierend – Mexiko ist definitiv immer eine Reise wert.

Freundschaft, die seit über 10 Jahren hält. Reunion in meinem Lieblingsrestaurant »El Fogon«.

Für leckeren Kaffee ist immer Zeit

Isla Holbox mit dem Fahrrad erkunden

Dayparty auf Isla Mujeres

An den Stränden Tulums: Heute sind es Cocktailwagen ...

PURE ENTSPANNUNG

Beach Life Mexiko

In Mexiko gibt es viele schöne Küstenorte, um die Seele baumeln zu lassen. Das Land kombiniert Spanischlernen, mexikanisches Essen und traumhafte Strände wie den weißen Sandstrand in Playa del Carmen. Hier kannst du in einer Hängematte entspannen, lateinamerikanische Musik hören und die Natur genießen. Meine persönlichen Empfehlungen für Strandliebhaber: Isla Holbox und die Ostküste Cozumels – dort kannst du herrlich in türkisblauem Wasser entspannen.

Ein ruhiger Strand im Norden von Playa del Carmen

… früher waren es Fischerboote.

Strandbungalow in Tulum

Ostküste Cozumel

Choriqueso

Chilaquiles zum Frühstück

Ab und zu ein Pancake ist nicht verkehrt!

Nichts macht mich glücklicher!

MEIN DREI-STERNE-LOKAL

Essen Mexiko

Mexiko ist ein kulinarisches Paradies. Die Auswahl an Gerichten, von Tacos über Mole bis zu Tortillas, ist einfach sensationell. Die Straßen sind gesäumt von Streetfood-Ständen, an denen man jederzeit köstliche Speisen findet. Die Kombination aus frischen Zutaten, Gewürzen und traditionellen Zubereitungsmethoden ist unschlagbar. Und egal, ob man in einem Lokal oder an einem Straßenstand isst, die Qualität und der Geschmack sind meist hervorragend.

Mango am Spieß

Tacos in verschiedenen Variationen

Guacamole und Shrimpceviche

Michelada

Steffi und ich bei unserer Lieblingsbeschäftigung: Essen

Ein Sonnenaufgang über den Tempeln Bagans

Scooter Ride in Ngwe-Saung Beach

Der berühmte Shwedagon-Paya-Tempel in Yangon

Typische Fischer-Pose auf einem Bein auf dem Inle Lake

Pünktlich zum Sonnenaufgang in der Tempelanlage Bagan

Eines der freundlichsten Völker, die ich kennenlernen durfte!

AUTHENTISCHES SÜDOSTASIEN

Myanmar

In Südostasien gibt es viele großartige Reiseziele, aber Myanmar ist besonders. Hier spürt man noch eine authentische Atmosphäre, da das Land weniger Touristen anlockt. Die Menschen gehen ihrem Alltag nach und kümmern sich nicht darum, ob man ein Tourist ist. Das Land bietet faszinierende Orte wie den Inle-See, wo das Leben auf dem Wasser pulsiert, oder die atemberaubenden Tempel von Bagan. Ein unvergessliches Erlebnis ist der Sonnenaufgang über den Tempeln, wenn Heißluftballons den Himmel füllen.

Handcraft bei den Einwohnern des Inle Lakes

Mystische Momente inmitten der Tempel in Bagan

Neusseeland war für mich der Anfang meiner Reisen. Durch die Eindrücke in diesem sagenhaften Land habe ich mein Leben auf den Kopf gestellt.

Freiheit pur – mit dem Van durch Neuseeland

Cronuts: eine Mischung aus Croissants und Donuts. Suchtgefahr!

DER START MEINER REISEKARRIERE

Neuseeland

Es ist jetzt schon über 14 Jahre her ist, seit ich meinen ersten dreiwöchigen Urlaub in Neuseeland begonnen habe. Dieser Trip war der Startpunkt für das Leben, das ich heute führe. Die wenigen Bilder, die ich damals gemacht hatte, können inspirieren, aber sie können nicht das Gefühl vermitteln, das ich hatte, als ich zum ersten Mal die Freiheit spürte, einen gemieteten Van in Auckland zu übernehmen und Richtung Strand zu fahren. Diese Erinnerungen werden ein Leben lang bleiben.

Lieblingscafé: Café Remedy in Herzen Aucklands

Die Pancake Rocks an der Westküste der Südinsel Neuseelands

Die Anfangszeiten meiner Reisen

PEOPLE

Es sind nicht immer die eigenen Abenteuer auf Reisen. Sehr oft sind es die Geschichten der Menschen, die man auf Reisen trifft, die einen inspirieren, Demütigkeit oder tiefe Dankbarkeit verspüren lassen.

Isla Ometepe

Surfen in Popoyo

San Juan del Sur

Aussicht über Granada

Die Minions!

Vulkan-Surfing auf dem Cerro Negro in León

SCHWARZER SCHNEE

Nicaragua

Nicaragua ist ein faszinierendes Land. In San Juan del Sur erlebst du eine entspannte Kultur, ähnlich wie in Antigua, Guatemala. Es gibt wunderschöne abgelegene Strände, wo ich einige Abenteuer erlebte, darunter eine lustige Geschichte, als die Wellen meine Badehose wegspülten ... In Leon kannst du sogar auf aktiven Vulkanen rodeln, auch eine einzigartige Erfahrung. Nicaragua ist preislich angenehm im Vergleich zu Costa Rica und zusammen mit Guatemala eines der aufregendsten Länder in Zentralamerika.

Panama

Zwischenlandung auf einer Insel, nachdem unser Boot fast gesunken war.

Unsere Bleibe auf einer Insel der San Blas Islands, nachdem unser Boot gekentert war.

Dachdeckerarbeiten auf einer Insel

Mit den Schulkids etwas Fußball spielen

Beach Vibes in Bocas Del Toro

Gestrandet auf den San Blas Islands

Ich in meinem Element

San Blas Inseln Panama

Die San Blas Inseln an der Atlantikküste von Panama sind oft Zwischenstopp für Backpacker, die von Panama nach Kolumbien reisen. Die Inseln sind paradiesisch, umgeben von kristallklarem Wasser. Einige sind so klein, dass man sie in wenigen Minuten umrunden kann. Wir hatten eine tolle Zeit, auch wenn wir sehr auf Quallen achten mussten, die sehr schmerzhafte Stiche verursachen konnten. Unabhängig davon waren die Inseln ein wunderschöner Erholungsort und eine Reise wert.

Ein Inselparadies!

Der weltberühmte Panama-Kanal. Wir fanden ihn so ... meh!

Biken in Panama City

Hier wird Orangensaft noch etwas anders produziert.

KANÄLE UND KOSMOPOLITISMUS

Panama City

Panama City ist modern und fühlt sich anders an als andere Hauptstädte in Zentralamerika. Die Strandpromenade lädt zum Radfahren ein, und es gibt beeindruckende Wolkenkratzer. Doch es gibt auch abgelegenere Gegenden mit günstigen Hostels. Die Stadt ist ein guter Ausgangspunkt für Abenteuer in der Umgebung, selbst aber kein klares Highlight. Auch wenn es die modernste Stadt Zentralamerikas ist, muss jeder selbst entscheiden, ob er sie erkunden möchte.

Surfmekka im Norden Perus: Mancora

Die Abenteuercrew in Iquitos

Huacachina, eine Oase mitten in der Wüste

Sand-Buggy fahren in Huacachina

Auf den Schienen Richtung Machu Picchu

TAKE YOUR TIME

Peru

Wenn ihr nach Peru reist, plant genügend Zeit ein. Südamerika ist riesig, und man realisiert das erst vor Ort. Peru allein benötigt mindestens drei Wochen, um die verschiedenen Städte und Sehenswürdigkeiten zu erkunden. Natürlich sollte Machu Picchu auf eurer Liste stehen, aber denkt auch an andere Städte wie Iquitos und Arequipa. Peru hat zu viele Schätze, um sie in zu kurzer Zeit zu entdecken. Drei Wochen sind sicherlich ein guter Anfang, ihr werdet es nicht bereuen.

Immer gut fürs Wadentraining: die steilen Straßen Cuscos

Auf diesem lokalem Markt habe ich die beste Ceviche meines Lebens gegessen.

Sandboarden in der Oase

INKA-IKONE

Machu Picchu Peru

Der Machu Picchu ist zweifellos das Wahrzeichen Perus und ein beeindruckender Anblick. Bilder und Geschichten können jedoch nicht das Gefühl vermitteln, das du erlebst, wenn du selbst früh um fünf Uhr aufstehst, den Berg erklimmst und oben ankommst, völlig außer aus der Puste. Es ist atemberaubend, wenn sich die Wolken lichten und das Machu-Picchu-Panorama enthüllen. Dieses Erlebnis, die Luft zu atmen und den Geschmack der Bergluft zu spüren, ist einzigartig.

Auf einem Nebenfluss des Amazonas fuhren wir tief in den Dschungel.

Faultier »in action«

JENSEITS DER ZIVILISATION

Amazonas Peru

Mein größtes Abenteuer in Peru begann im Amazonasgebiet, nahe der isoliertesten Stadt der Welt, Iquitos. Von dort aus reisten wir tiefer in den Dschungel. Wir paddelten durch Nebenflüsse des Amazonas, sahen Faultiere, gingen Piranhas fischen und beobachteten pinkfarbene Delfine. Wir besuchten indigene Dörfer und trafen Schamanen. Für fünf bis sechs Tage waren wir völlig von der Außenwelt abgeschnitten. Peru ist großartig, und Machu Picchu ist dabei nur die Spitze des Eisberges.

Piranhas fischen

Unser Guide hat uns alle möglichen Tiere gezeigt

Der Weg nach Iquitos: drei Tage per Schiff auf dem Amazonas

Meine Unterkunft im Dschungel

Mit der Nussschale durch den Dschungel paddeln

Trotz Regen nicht den Spaß verlieren

Meine Nachbarin unter meinem Bett

Das erste Tarsier-Äffchen (Koboldmaki) live gesehen!

Viele kleine Nemos während des Schnorchelns entdeckt

Paradies in El Nido / Palawan

TRAUMHAFT SCHÖN

Philippinen

Unsere Reise auf die Philippinen war ein unglaubliches Abenteuer. Das Land ist bekannt für seine atemberaubenden Strände und mehr als 9000 Inseln. Orte wie der White Beach in Boracay sind perfekt zum Schnorcheln und Tauchen – oder einfach nur zum Entspannen am Strand. Die Philippinen haben uns herzlich empfangen, und die Vielfalt der Erlebnisse, von exotischem Essen bis zu atemberaubenden Landschaften, hat uns begeistert. Die Anreise mag weit sein, aber es lohnt sich auf jeden Fall.

Chocolate Hills auf der Insel Bohol

Ausblick auf den »White Beach«

Hell yeah, what a ride!

Manila, kann man sich anschauen – muss man aber nicht

Woran merkt man, dass ein Gebiet touristisch erschlossen ist? Wenn es einen Eisverkäufer auf dem Wasser gibt!

Typische Kulisse in Palawan – traumhafte kleine Strände und hohe Feldwände

Die rauen Küsten Portugals

Die Höhle von Benagil

Einer unserer schönsten Übernachtungs-Spots in Porto. Natürlich im Bulli.

Checking for good waves!

TOR ZUM ATLANTIK

Portugal

Portugal ist in der Surfszene ein echter Klassiker, aber auch für Roadtrip-Enthusiasten ein Traumziel. Neben großartigen Surfwellen und warmen Sommertemperaturen sticht vor allem auch die vielfältige Kultur, z. B. in Lissabon, hervor. Weiter südlich in Belem und Kaki gibt es charmante Städtchen und die Möglichkeit, die Küstenregionen zu erkunden. Oder du fährst nach Porto, einer tollen Stadt mit spektakulären Aussichten. Das Land ist ein Muss für jeden, der die Schönheit Europas erleben möchte.

Pastéis de Belém

Surfer am Strand von Cascais

Eine abenteuerliche Weise, die Küsten Portugals entlangzufahren: mit dem Dirtbuggy

Hunnebostrand

Smögen

PERLE IN NORDEUROPA

Schweden

Ganz ehrlich, Schweden hat mich bisher nicht oft genug gesehen. Ich plane, im Sommer wieder dorthin zu fahren und mit dem Kajak Abenteuer zu erleben. Die Schweden sind gastfreundlich, und das Land ist definitiv ein Traumziel für Roadtrips und ein absolutes Muss für eure Reiseliste, du wirst von der Schönheit des Landes verzaubert sein! Probiert aber den fermentierten Fisch nur auf die richtige Art und Weise, um Überraschungen zu vermeiden ...

Auf einem Roadtrip durch Schweden unvermeidbar: Die endlos vielen Seen laden zum Baden ein!

Surströmming – immer noch auf Platz eins meiner »interessantesten« kulinarischen Erfahrungen

Marstrand

Schwedischer Spieleabend

Saunieren auf dem Wasser in Varberg

Übernachtung auf einem Hausboot in Göteborg

Reisefreundschaften. Dan habe ich 2010 auf den Fidschis kennengelernt, mittlerweile wohnt der gebürtige Kanadier in Stockholm. Wir haben uns in neun verschiedenen Ländern getroffen.

Es lohnt sich, für diesen Blick den Wurzelpass hochzufahren.

CAMPING- & OUTDOORPARADIES

Slowenien

Slowenien ist ein unterschätztes Reiseziel! Damals entschieden wir uns auf einem Roadtrip durch Europa, das Land zu erkunden. Die malerische Landschaft, umgeben von Bergen und klarem Wasser z. B. im Soca River-Tal, ist ein Paradies für Abenteurer. Slowenien bietet eine entspannte Campingatmosphäre und ist ideal für Freunde, Paare und Familien. Ich freue mich auf unseren nächsten Trip und das frühe Aufstehen, um den Tag mit Kaffee am Fluss und einem erfrischenden Eisbad zu beginnen.

Wildwaterrafting auf dem Soča

Die Aussicht vom Berg Krn

Eisbaden, rumalbern und die Gesellschaft von Gleichgesinnten genießen. Kamp Koren ist sehr zu empfehlen.

Ich persönlich bin ein absoluter Fan von Slowenien. Im Soca Valley ist für jeden Outdoorer was dabei. Egal, ob Canyoning, Zip Lining, Wandern, Biken, Kajaken oder Wildwaterrafting!

Für mich der Inbegriff von »Fine Dining«: Sonnenuntergang, Wellenrauschen, Vanlife und leckere Pizza!

Playa Esquinzo südlich von El Cotillo

Ausblick auf Famara in Lanzarote

Für mich Freiheit auf vier Rädern. Mit dem Van die Surfsports Fuerteventuras abfahren.

HERZENSORT ZWISCHEN DÜNEN & WELLEN

Fuerteventura Spanien

Ich war das erste Mal in meinen frühen Zwanzigern auf Fuerteventura und habe mich in die Insel verliebt. Essen, Surfen, Nachtleben – hier wird alles geboten. Es ist eine Insel, die man erleben muss. Ich mag vor allem den Norden, wo sich weniger Touristen aufhalten. Die Strände der Insel sind großartig und nicht nur für Surfer ein Paradies. Fuerteventura ist für mich ein Herzensort geworden, und ich freue mich auf meinen nächsten Trip.

Der Strand von Famara

Alltag als digitaler Nomade – meine Workstation in El Roque

Mein Lieblingsrestaurant in El Cotillo: Olivo Corso

Spontaner Rave am Strand

Ich mache gerne beides auf Fuerteventura.

Boattrip mit Live-DJ

Mit dem Surfskate auf der Straße Richtung Meer

Seltener Anblick der »Nine Arch Bridge« in Ella: keine Besucher. Grund dafür waren die Terroranschläge ein paar Tage zuvor im April 2019.

Teeplantagen rund um Nuwara Eliya

Mit dem Zug durch Sri Lanka

EIN STARKES LAND

Sri Lanka

Meine Reise nach Sri Lanka verlief anders als geplant. Aufgrund der Terroranschläge von 2019 wurde ich in Colombo mit Polizeischutz aus dem Flughafen begleitet: Ausgangssperre! Trotzdem konnte ich einige Sehenswürdigkeiten wie die Ella Bridge und den Horton Plains Nationalpark erleben, jedoch ohne die üblichen Touristenmassen. Die Einheimischen litten stark unter dem Rückgang des Tourismus; es war bewegend zu sehen, wie sie mit den Folgen umgingen. Sri Lanka ist ein Land, das immer wieder aufsteht.

Der Strand in Weligama

Welpen in Arguam Bay

Lion's Head

Den bunten Stadtteil Bo-Kaap in Kapstadt entdecken

Old Biscuit Mill Markt in Kapstadt

Camps Bay am Fuße des Tafelbergs

PERLE AFRIKAS

Südafrika

Kapstadt wäre eine von vier Optionen, wenn ich mich entscheiden müsste, wo ich mich niederlasse. Als ich zum ersten Mal vom Lions Head in Richtung Camps Bay und Tafelberg blickte, verliebte ich mich in die Stadt und ihre Vielfalt. Von der modernen Downtown Area, die an San Diego oder San Francisco erinnert, über die touristisch geprägte Camps Bay bis hin zu Stadtvierteln, in denen man abends besser nicht allein unterwegs ist. Die kulinarische Szene ist fantastisch, Surfing und Kitesurfing im Norden sind ein Traum!

Sunset auf dem Lion's Head

Muizenberg hat es uns angetan

Schwimmen mit den Pinguinen am Boulders Beach

Wine Tasting in Stellenbosch

Spontane Safari auf der Garden Route

Kristallklares Wasser macht Schnorcheln und Tauchen zum unvergesslichen Abenteuer

Schnorchel-Boot-Trip auf Sansibar

»THIS IS AFRICA«

Tansania

Mein Highlight Tansanias war definitiv Sansibar, eine Insel vor der Küste: traumhaft türkises Wasser und tolle Schnorchel- und Tauchmöglichkeiten, vor allem im Norden der Insel. Wir verbrachten viel Zeit mit Einheimischen, spielten Fußball und machten Strandspaziergänge. Wir waren stets von freundlichen Menschen umgeben und genossen unsere Zeit. Tansania hat viel zu bieten, darunter der Kilimandscharo, der noch auf meiner Liste steht. Ich freue mich auf meinen nächsten Trip in dieses vielfältige Land.

Tägliche Sonnenuntergänge in Kendwa

Sonnenuntergänge auf Koh Phangan

Seit vielen Jahren reisen wir nur noch mit Handgepäck

Eisbaden in der Dudka Bar

Bangkok Traffic

Wasserspinat, Larb Ghai, Kao Soy ... in Thailand gibt es für mich neben Mexiko das beste Streetfood der Welt.

ASIA FOR BEGINNERS

Thailand

Thailand ist eines der beliebtesten Reiseziele in Südostasien. Die Anziehungskraft dieses Landes liegt für mich in erster Linie an der Landesküche! Nach Chiang Mai reise ich besonders gerne, dort gibt es tolle Cafés und die Möglichkeit, mit dem Roller in die Berge zu fahren. Oder man kann in den Süden nach Koh Samui oder Koh Tao reisen. Auch Koh Phangan ist ein Paradies für digitale Nomaden mit tollen Stränden und Restaurants. Thailand ist wegen seiner freundlichen Menschen und der Sicherheit ein perfektes Reiseland.

Neben Taxi, TukTuk und Skytrain eine etwas andere Art des öffentlichen Transports in Bangkok

Einer der vielen Wasserfälle im Norden Thailands

Koh Tao

Tarzan in seinem Element

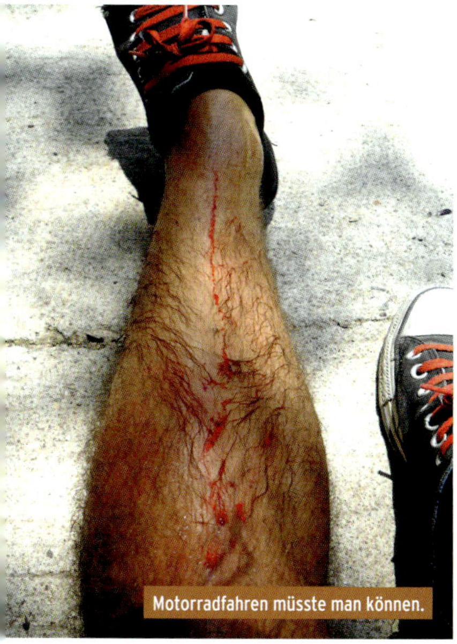
Motorradfahren müsste man können.

Atemberaubender Blick über Acholi Quarter

In der Steingrube im Acholi Quarter

Taxi/Matatu-Parkplatz mitten in Kampala

Herumalbern mit den 22Stars Kids

Sunday Lunch mit 22Stars

Uganda

Jinja, der Ursprung des Nils

Typisches Klassenzimmer unserer 22Stars Kids Uganda

Uganda ist ein ganz besonderes Land, vor allem für Steffi und dieses Buch. Uganda ist Steffis zweite Heimat, sie verbringt dort drei bis sechs Monate im Jahr. Ihr Engagement begann mit einem Social-Impact-Trip mit Stella, der Gründerin des Projekts. Inzwischen ist sie eine der größten Botschafterinnen. Ich unterstütze das Projekt mit meinen Shows, 2020 habe ich Uganda selbst besucht und gesehen, wie Steffi sich dort eine zweite Familie aufgebaut hat. Uganda hat viele Facetten, von staubigen Straßen in Kampala bis hin zu den Projekten, die Bildung und Hilfe für Kinder in Slumgebieten fördern. Schulbildung ist kostenpflichtig, daher sind Patenschaften für die Kinder lebenswichtig. In Uganda habe ich erlebt, wie glücklich und lebensfroh die Kinder trotz der Widrigkeiten sind. Es war herzergreifend.

Mit einer Patenschaft kann man einem Kind eine bessere Zukunft ermöglichen. Schaut gerne auf die letzten Seiten des Buches, dort findet ihr Infos, wie auch ihr helfen könnt. Wir wissen, alle Spenden kommen zu 100 % vor Ort ihrem Ziel zugute.

In den Slum-Areas

Local Food mit Tracy (Steffis Patenkind) im Acholi Quarter

Rush Hour in Downtown New York

Venice Fishing Pier

Strand von Venice Beach

Vereinigte Staaten von Amerika

Mit den Straßenkünstlern im Central Park um die Wette getanzt

Die Vereinigten Staaten von Amerika sind für mich ein besonderes Land, das ich auf meiner ersten Weltreise nach Mexiko kennenlernen durfte. Als Backpacker habe ich viele aufregende Abenteuer erlebt, wie Surfen in San Diego, das Überqueren der Golden Gate Bridge in San Francisco und das Reisen an der Westküste über Craigslist. In Seattle bin ich nackt mit 800 anderen Menschen bei der Sommerparade mit einem bemalten Fahrrad als Hulk durch die Stadt gefahren.

Ich habe mich in den USA sehr wohlgefühlt, sowohl in der Natur als auch bei den Menschen. Obwohl ich politische Debatten vermeiden möchte, schätze ich meine Erfahrungen und Erinnerungen an dieses vielfältige Land. Ich habe Freunde aus meiner ersten Reise vor 14 Jahren, die ich immer noch treffe und die mich auch in Europa besucht haben. Ich träume davon, eines Tages einen Roadtrip von der Ostküste zur Westküste der USA zu machen und freue mich auf mein nächstes Abenteuer in diesem faszinierenden Land.

Städtetrip hin oder her. In den USA sollte ein Roadtrip ein »Must do« sein!

Canyonlands, Utah

Yosemite National Park

Ziel unseres »Half-Dome-Hikes« im Yosemite National Park

Bryce Canyon

Arches National Park

Naturliebe

Antelope Canyon

Canyonlands, Utah

Monkey Island vom Gipfel aus

Ich bin nicht der einzige Fan von Pho-Suppe

Auf dem Ho-Chi-Minh-Trail

Kajaken durch Ha Long Bay

Abenteuer gefällig? Mit dem Motorrad durch Vietnam.

PHO UND FORTSCHRITT

Vietnam

Bei Vietnam denke ich vor allem an mein Motorradabenteuer: 2016 kaufte ich mir eine gefälschte Honda Win und lernte das Fahren. Es war herausfordernd, da Verkehrsregeln oft ignoriert wurden. Und: Mein Visum galt 30 Tage, aber ich brauchte 31 Tage, um von Süden nach Norden zu fahren und das Motorrad zu kaufen und zu verkaufen. Nun ja, Vietnam ist ein Ort für Abenteuer und Überraschungen. Entscheidend: Die Vietnamesen sind freundlich und hilfsbereit, und ich schätze ihre Gastfreundschaft sehr.

Cat Ba Island mit versteckten Seen

Die belebte Promenade von Hoi An bei Nacht

Tanken in Vietnam

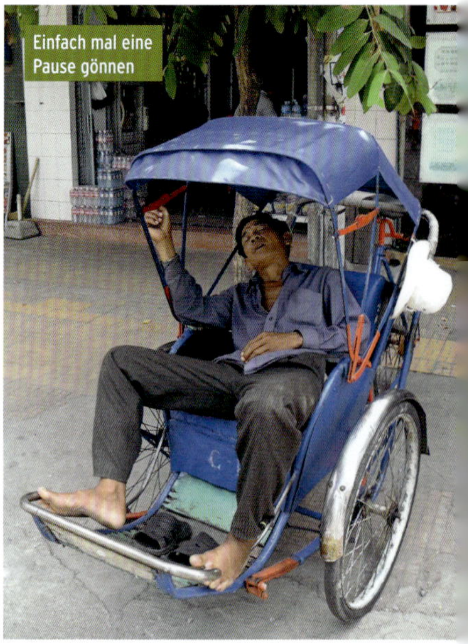
Einfach mal eine Pause gönnen

Erschöpft, aber glücklich. Mit dem Motorrad Vietnam zu durchfahren, verlangt einiges ab.

Eine Brücke für Zweiradfahrer

Ab in die Berge – der Straßenbelag wurde eher zu einem Feldweg.

»Die geilste Lücke im Lebenslauf«-Liveauftritt mit über 2.000 Besuchern

Als Keynote Speaker auf Firmenevents & Festivals

ON STAGE

Mit meinen Geschichten und Erfahrungen andere Menschen unterhalten, inspirieren und transformieren. Wer hätte gedacht, dass meine dreiwöchige Neuseelandreise 2009 mich einmal auf die Bühne bringen würde.

BDAE
Mit Sicherheit ins Ausland!
Der BDAE bietet Dir
die besten internationalen
Krankenversicherungen
weltweit
24/7 Notfallschutz
Auch im Heimatland gültig
F.A.Z.-INSTITUT
Ausgezeichneter Service
Basis: Kundenaussagen zur Servicequalität
02 | 2021
Mit Sicherheit ins Ausland
25 JAHRE BDAE
www.bdae.com/digitale-nomaden